JESSIE KANELOS WEINER
FOTOS VON RICHARD BOUTIN

SUPER EINFACH

DRINKS MIT 2 - 6 ZUTATEN

COCKTAILS

Librero

Inhalt

MIXOLOGIE

ALKOHOLFREIE COCKTAILS

APERITIFS & APPETITHÄPPCHEN

Mojito

In 5 Minuten zubereitet

Für 1 Person

Limettensaft
30 ml

Minzblätter
× 6

Rohrzucker
2 Teelöffel

weißer Rum
50 ml

Sprudelwasser

- Den Limettensaft, den Zucker und die Minzblätter in einem großen Glas mischen.
- Alles mit einem Cocktail-Stößel oder einem Löffel zerdrücken.
- Den Rum und die Eiswürfel dazugeben und mischen. Mit Sprudelwasser auffüllen und mit einem Minzezweig dekorieren.

Margarita

Fleur de Sel
2 Esslöffel

Tequila
60 ml

Limettensaft
30 ml

Cointreau®
30 ml

Chilipulver
1 Prise

In 5 Minuten zubereitet

Für 1 Person

- Das Salz und das Chilipulver auf einen kleinen Teller geben. Den Rand eines Cocktailglases mit einem Stück Limette befeuchten. Das Glas in das Salz tauchen, um einen Salzrand zu erhalten.
- Einen Shaker mit Eiswürfeln füllen, dann den Tequila, den Limettensaft und den Cointreau® hinzugeben. 20 Sekunden schütteln.
- Den Cocktail in das Glas mit dem Salzrand gießen und den Glasrand mit einer Limettenspalte dekorieren.

Klassiker

3

Piña Colada

In 5 Minuten zubereitet

Für 1 Person

Ananas (TK)
200 g

weißer Rum
30 ml

Malibu®
30 ml

Kokosnusscreme
50 g

- Alle Zutaten in einen Mixer geben und mixen, bis eine homogene Mischung entstanden ist.
- In ein Cocktailglas gießen. Mit einem Stück Ananas und einer Himbeere dekorieren.

4

Gin Martini

In 5 Minuten zubereitet

Für 1 Person

Gin
150 ml

Wermut
50 ml

grüne Olive
× 1

- Ein Martiniglas mit Eiswürfeln füllen, um es zu kühlen.
- Einen Shaker mit Eiswürfeln füllen, dann den Gin und den Wermut hinzugeben. 30 Sekunden schütteln, bis alles sehr kalt ist.
- Die Eiswürfel aus dem Glas entfernen. Den Mix in das gekühlte Glas gießen und mit einer grünen Olive dekorieren.

Klassiker

5

Caipirinha

In 5 Minuten zubereitet

Für 1 Person

Limette
× ½

Rohrzucker
1 Teelöffel

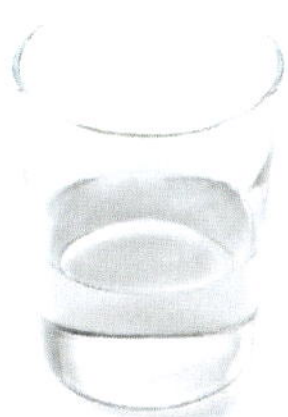

Cachaça
75 ml

- O Die Limette achteln.
- O Die Limettenstücke und den Zucker in einem Cocktailglas zerstampfen, bis sich der Zucker aufgelöst hat.
- O Den Cachaça in das Glas geben, mischen.
- O Mit Eiswürfeln oder zerstoßenem Eis und ein paar Zitronenscheiben servieren.

Gin Tonic

In 5 Minuten zubereitet

Für 1 Person

Gin
90 ml

Tonic
120 ml

Limettensaft
1 Esslöffel

Gurke
× ½

- Ein Cocktailglas mit Eiswürfeln füllen.
- Den Gin, das Tonic und den Limettensaft ins Glas gießen und mischen.
- Mit einer Limetten- oder Gurkenscheibe dekoriert servieren.

Cuba Libre

In 5 Minuten zubereitet

Für 1 Person

Cola
120 ml

weißer Rum
50 ml

Limettensaft
1 Esslöffel

Limette
× ½

- Ein Cocktailglas mit Eiswürfeln füllen.
- Alle Zutaten in das Glas geben, mischen.
- Mit Limettenscheibe servieren.

Daiquiri

In 5 Minuten zubereitet

Für 1 Person

weißer Rum
50 ml

Rohrzuckersirup
15 ml

Limettensaft
30 ml

- Einen Shaker mit Eiswürfeln füllen.
- Alle Zutaten in den Shaker geben. 20 Sekunden schütteln.
- In ein Cocktailglas abseihen.
- Das Glas mit einer Limettenscheibe dekorieren.

Bellini

In 2 Minuten zubereitet

Für 1 Person

Prosecco
90 ml

weiße Pfirsiche
× 2

- Einen Pfirsich schälen und das Fleisch mit 60 ml Wasser mixen, durch ein Sieb passieren.
- Den Prosecco und das Pfirsichpüree mischen.
- In eine Champagnerschale füllen, den Glasrand mit Pfirsichscheiben dekorieren.

Mimosa

In 2 Minuten zubereitet

Für 1 Person

Prosecco oder Champagner 100 ml

Orangensaft 60 ml

Triple Sec 10 ml

- Prosecco, Orangensaft und Triple Sec mischen.
- In eine Champagnerschale füllen.
- Den Glasrand mit einer Orangenscheibe oder einem Stück Zitronenschale dekorieren.

11

White Russian

In 5 Minuten zubereitet

Für 1 Person

Wodka
60 ml

Kaffeelikör
30 ml

Schlagsahne
30 ml

- Ein Glas mit Eiswürfeln füllen.
- Den Wodka und den Kaffeelikör hineingießen. Mischen und die Sahne dazugeben. Servieren.

Old Fashioned

In 5 Minuten zubereitet

Für 1 Person

Rye Whiskey
50 ml

Angostura Bitter
2 Tropfen

Zuckerwürfel
× 1

- Zucker, Angostura Bitter und 1 Esslöffel Wasser in ein Cocktailglas geben. Mit einem Stößel oder Löffel zerstoßen, bis der Zucker vollständig aufgelöst ist.
- Den Rye Whiskey und dann die Eiswürfel hinzugeben.
- Mit einer Orangenscheibe und einer Kirsche garnieren.

13

Erdbeer-Caipiroska

In 5 Minuten zubereitet

Für 1 Person

Wodka
60 ml

Limette
× 1

Zucker
1 Teelöffel

Erdbeeren
100 g

Sprudelwasser
30 ml

- Die Limette achteln. 1 Stück für die Deko zurückbehalten. Die Erdbeeren entstielen und in Stücke schneiden. Auch hier ein paar Stücke für die Deko zurückbehalten.
- Die Limettenstücke, die Erdbeeren und den Zucker mit einem Stößel oder einem Löffel in einem Cocktailglas zerstoßen. Den Wodka hinzufügen und alles gut mischen. Mit Sprudelwasser auffüllen.
- Mit zerstoßenem Eis und einer Limettenscheibe servieren.

Pimm's Cup

In 5 Minuten zubereitet

Für 1 Person

Likör Pimm's No.1®
60 ml

Ginger Ale
90 ml

dünne Gurkenscheiben
× 5

Erdbeeren
× 2

Orangenscheibe
× 1

- Ein hohes Glas mit Eiswürfeln füllen.
- Den Pimm's® und das Ginger Ale in das Glas gießen und mischen.
- Mit den Gurkenscheiben, den Erdbeeren und der Orangenscheibe garnieren.

Blue Hawaiian

In 5 Minuten zubereitet

Für 1 Person

weißer Rum
30 ml

Blue Curaçao
30 ml

Ananassaft
60 ml

- Alle Zutaten in einen Mixer geben und mit 100 g Eiswürfeln mixen, bis eine homogene Mischung entstanden ist.
- In ein Martiniglas gießen. Mit ein paar Scheiben von Zitrusfrüchten dekorieren.

Long Island Iced Tea

In 5 Minuten zubereitet

Für 1 Person

Wodka
15 ml

weißer Rum
15 ml

Gin
15 ml

Tequila
15 ml

Zitronensaft
1 Esslöffel

Cola
60 ml

- Einen Shaker mit Eiswürfeln füllen. Die Schnäpse und den Zitronensaft in den Shaker gießen. 20 Sekunden schütteln.
- Ein großes Glas mit Eiswürfeln füllen und den Mix hineingießen. Mit Soda auffüllen und mit einer Zitronenscheibe garnieren.

Whisky Sour

In 5 Minuten zubereitet

Für 1 Person

Whisky
80 ml

Zitronensaft
40 ml

Rohrzuckersirup
20 ml

- Einen Shaker mit Eiswürfeln füllen.
- Alle Zutaten in den Shaker geben. 20 Sekunden schütteln.
- Ein Cocktailglas mit Eiswürfeln füllen. Den Mix in das Glas abseihen.
- Mit einer Orangenscheibe und einer Cocktailkirsche garnieren.

Gimlet

In 5 Minuten zubereitet

Für 1 Person

Gin
160 ml

Limettensaft
40 ml

Rohrzuckersirup
20 ml

- Einen Shaker mit Eiswürfeln füllen.
- Alle Zutaten in den Shaker geben. 20 Sekunden schütteln.
- Die Mischung in ein Cocktailglas gießen. Das Glas mit einer Limettenscheibe oder Zitronenschale dekorieren.

Klassische Bowle

In 10 Minuten zubereitet
2 Stunden Ruhezeit

Für 8 Personen

weißer Rum
350 ml

Orangensaft
1 l

Multivitaminsaft
1 l

Limetten
× 2

Orangen
× 2

Apfel 'Granny-Smith'
× 1

- Den Rum und die Säfte in einer großen Schüssel oder in einem Bowleglas mischen.
- Die Früchte schälen, in Stücke und dann in kleine Würfel schneiden. Die Früchte in die Bowle geben und mischen. Zudecken und mindestens 2 Stunden kalt stellen.
- Mit Eiswürfeln servieren.

Planter's Punch

In 10 Minuten zubereitet
2 Stunden Ruhezeit

Für 8 Personen

Limetten
× 2

gelber Rum
450 ml

Orangensaft
280 ml

Banane
× 1

Grenadinesirup
80 ml

Angostura Bitter
10 Tropfen

- Die Limetten und die Banane in dünne Scheiben schneiden. Alle Zutaten in einer großen Schüssel oder in einem Bowleglas mischen.
- Zudecken und mindestens 2 Stunden kalt stellen.
- Mit Eiswürfeln servieren.

Tequila Sunrise

In 5 Minuten zubereitet
2 Stunden Ruhezeit

Für 8 Personen

Orangensaft
1 l

Tequila
500 ml

Orange
× 1

Granatapfel
× ½

Grenadinesirup
200 ml

- Die Orange in dünne Scheiben schneiden. Mit einer Gabel die Granatapfelkerne auslösen.
- Alle Zutaten außer dem Grenadinesirup in einer großen Schüssel oder in einem Bowleglas mischen. Mindestens 2 Stunden kalt stellen.
- Die Grenadine hinzugießen. Mischen und mit Eiswürfeln servieren.

Sea Breeze Punch

In 5 Minuten zubereitet
8 Stunden Ruhezeit

Für 8 Personen

Orange
× 1

Granatapfel
× ½

Wodka
350 ml

Cranberrysaft
1 l

Grapefruitsaft
240 ml

- Um einen großen Eiswürfel herzustellen, Orangenscheiben auf den Boden einer kleinen Schale legen. Die Granatapfelkerne und Eiswürfel hinzugeben. Mit Wasser bedecken. Für 8 Stunden in den Gefrierschrank geben.
- Die Säfte und den Wodka in einer großen Schüssel mischen. Mit dem großen Eiswürfel servieren.

Melonen-Bowle

In 15 Minuten zubereitet
2 Stunden Ruhezeit

Für 8 Personen

Melone
1,5 kg

Limettensaft
100 ml

Wodka
200 ml

Minze
1 Bund

Limette
× 1

Sprudelwasser
700 ml

- Die Melone schälen und die Kerne entfernen. 2/3 in einem Mixer mischen, bis eine glatte Konsistenz entsteht. Durch ein Sieb passieren.
- Die restliche Melone in Würfel, die Limette in Scheiben schneiden.
- Den Melonensaft und die Melonenwürfel in einer großen Schale mischen, den Limettensaft und die Limettenscheiben, die Minze und den Wodka hinzugeben. Mindestens 2 Stunden kalt stellen.
- Mit Sprudelwasser und Eiswürfeln auffüllen.

Aperol Spritz

In 5 Minuten zubereitet

Für 8 Personen

Orangen
× 2

Prosecco
1,2 l

Aperol®
600 ml

Sprudelwasser
300 ml

- ○ Die Orangen in dünne Scheiben schneiden.
- ○ Einen Krug mit Eiswürfeln füllen. Den Prosecco und den Aperol® hineingießen und dann mischen.
- ○ Mit Sprudelwasser auffüllen.
- ○ Orangenscheiben hinzugeben.

Cosmopolitan

In 5 Minuten zubereitet
2 Stunden Ruhezeit

Für 8 Personen

Wodka
480 ml

Triple Sec
120 ml

Cranberrysaft
160 ml

Limettensaft
100 ml

- Alle Zutaten in einen Krug geben. Mindestens 2 Stunden kalt stellen.
- In Gläser füllen und jedes Glas mit einem Stück Limettenschale dekorieren.

Sex On The Beach

In 5 Minuten zubereitet
2 Stunden Ruhezeit

Für 8 Personen

Wodka
320 ml

Pfirsichlikör
160 ml

Cranberrysaft
320 ml

- Den Wodka und den Pfirsichlikör in einem Krug mischen. Mindestens 2 Stunden kalt stellen.
- Den Mix in Gläser füllen. Den Cranberrysaft behutsam hinzugießen, um die beiden Farben nicht zu vermischen.
- Mit einem Minzezweig und einer Orangenscheibe servieren.

Bloody Mary

In 10 Minuten zubereitet
1 Stunde Ruhezeit

Für 8 Personen

Tomatensaft
1,5 l

Wodka
400 ml

Limettensaft
40 ml

Tabasco®
10 Tropfen

Worcestershire-Sauce
1 Teelöffel

Stangensellerie
1 kleiner Bund

- Alle Zutaten außer dem Sellerie in einem großen Krug mischen. Probieren und gegebenenfalls würzen und säuern. Mindestens 1 Stunde kalt stellen.
- Mit Eiswürfeln und einem Stangensellerie in jedem Glas servieren.

Erdbeer-Margarita

In 5 Minuten zubereitet
8 Stunden Ruhezeit

Für 8 Personen

Erdbeeren
1 kg

Tequila
180 ml

Orangenlikör
50 ml

Limette
× 1

Agavensirup
1 Esslöffel

Fleur de Sel
100 g

- Die Erdbeeren entstielen und in Scheiben schneiden. Für 8 Stunden in den Gefrierschrank geben.
- Zesten von der Limette schaben, dann den Saft auspressen. Das Salz und die Zesten auf einen kleinen Teller geben. Den Rand eines Cocktailglases mit einem Stück Limette befeuchten. Das Glas in das Salz tauchen, um einen Salzrand zu erhalten.
- Die gefrorenen Erdbeeren und alle Zutaten in einen Mixer geben und mixen, bis eine homogene Konsistenz entstanden ist. In die Gläser mit dem Salzrand gießen.

Moscow Mule

In 5 Minuten zubereitet

Für 8 Personen

Ginger Ale
1 l

Wodka
360 ml

Limettensaft
160 ml

- Das Ginger Ale und den Wodka in einem Krug mischen. Den Limettensaft hinzugeben.
- Mit zerstoßenem Eis, Limettenscheiben und ein wenig Minze servieren.

Coco Cooler

In 5 Minuten zubereitet
1 Stunde Ruhezeit

Für 8 Personen

Kokoswasser
1,5 l

Gin
200 ml

Limettensaft
200 ml

Rohrzuckersirup
100 ml

- Alle Zutaten in einen Krug geben. Mindestens 2 Stunden kalt stellen.
- Den Cocktail in Gläser füllen. Mit einem Stück Kokosnuss und einer Limettenscheibe dekoriert servieren.

La Vie En Rose

In 10 Minuten zubereitet
1 Stunde Ruhezeit

Für 8 Personen

Grapefruit
× 1

Limetten
× 2

Lillet Rose®
800 ml

Grapefruitsaft
800 ml

Wodka
400 ml

- Die Früchte in dünne Scheiben schneiden.
- Alle Zutaten in einen Krug geben. Mindestens 1 Stunde kalt stellen.
- Mit Eiswürfeln servieren.

Sangria Rot

In 10 Minuten zubereitet
4 Stunden Ruhezeit

Für 6-8 Personen

Rotwein
1 Flasche

Brandy
100 ml

Cointreau®
70 ml

Äpfel 'Granny-Smith'
× 2

Orangen
× 2

Sprudelwasser

- Die Früchte in dünne Scheiben schneiden. Alle Zutaten außer dem Sprudelwasser in einen Krug geben. Mindestens 4 Stunden kalt stellen.
- Die Sangria in Gläser füllen, mit dem Sprudelwasser auffüllen und mit Eiswürfeln servieren.

Sangria Weiss

In 10 Minuten zubereitet
4 Stunden Ruhezeit

Für 6-8 Personen

Pfirsich
× 1

Apfel 'Pink Lady®'
× 1

weiße Weintrauben
200 g

weißer Bordeaux
1 Flasche

Calvados
100 ml

Sprudelwasser

- Die Früchte in dünne Scheiben schneiden. Die Trauben halbieren.
- Alle Zutaten außer dem Sprudelwasser in einen Krug geben. Mindestens 4 Stunden kalt stellen.
- Die Sangria in Gläser füllen, mit dem Sprudelwasser auffüllen und mit Eiswürfeln servieren.

Irish Coffee

In 5 Minuten zubereitet

Für 1 Person

Schlagsahne
40 ml

heißer Kaffee
80 ml

Whisky
40 ml

Rohrzucker
1 Teelöffel

- Die Sahne 2-3 Minuten zur Emulsion auf-, aber nicht ganz steif schlagen.
- Ein Glas mit Henkel mit kochendem Wasser füllen, um es anzuwärmen. Das Glas leeren.
- Den Kaffee, den Whisky und den Zucker einfüllen. Mischen, bis der Zucker aufgelöst ist. Mit der Sahne auffüllen.

Schokolade Mit Bourbon

In 10 Minuten zubereitet

Für 1 Person

Schlagsahne
40 ml

Vollmilch
180 ml

dunkle Schokolade
60 g

Rohrzucker
1 Teelöffel

Bourbon
15 ml

- Die Sahne 2-3 Minuten zur Emulsion auf-, aber nicht ganz steif schlagen.
- Ein Glas mit Henkel mit kochendem Wasser füllen, um es anzuwärmen. Das Glas leeren.
- Die Milch bei schwacher Hitze erwärmen, nicht kochen lassen. Über die Schokolade gießen und rühren, bis eine glatte Konsistenz entanden ist. Den Zucker und den Bourbon hinzugeben und mischen.
- In ein Glas geben und mit der Sahne auffüllen.

Hot Toddy

In 5 Minuten zubereitet

Für 1 Person

Bourbon
30 ml

Honig
1 Esslöffel

Zitronensaft
2 Teelöffel

- Alle Zutaten in einer Tasse mischen.
- 60 ml kochendes Wasser hinzufügen und verrühren.
- Mit Zitronenscheiben servieren.

Glühwein

In 15 Minuten zubereitet

Für 8 Personen

Apfelsaft
1 l

Rotwein
1 Flasche

Honig
1 Esslöffel

Zimt
1 Stange

Sternanis
× 1

Orange
× 1

- Alle Zutaten bei schwacher Hitze in einem Topf mischen. Aufheizen und 10 Minuten köcheln lassen.
- Den Glühwein in Gläser geben und mit Orangenscheibe servieren.

Grog

In 15 Minuten zubereitet

Für 8 Personen

Ingwer
1 Stück von 3 cm

Limette
× 1

Apfelsaft
2 l

Honig
2 Teelöffel

gelber Rum
220 ml

- Die Zitrone in dünne Scheiben schneiden. Den Ingwer schälen und in feine Scheiben schneiden. Ein paar Scheiben für die Deko zurückbehalten.
- Alle Zutaten außer dem Rum bei schwacher Hitze in einem Topf mischen. Aufheizen und 10 Minuten köcheln lassen. Von der Herdplatte nehmen und den Rum hineingeben.
- Heiß in Gläser füllen. Mit Limettenscheiben und dem restlichen Ingwer servieren.

Absinth Colada

In 5 Minuten zubereitet

Für 1 Person

Absinth
30 ml

weißer Rum
15 ml

Pfefferminzlikör
1 Teelöffel

Ananassaft
30 ml

Kokosnusssirup
30 ml

- Einen Shaker mit Eiswürfeln füllen. Alle Zutaten dazugeben und 20 Sekunden schütteln.
- Cocktailgläser mit zerstoßenem Eis füllen.
- Den Cocktail in die Gläser gießen und mit einem Minzezweig dekorieren.

Pisco Sour

In 5 Minuten zubereitet

Für 1 Person

Pisco
45 ml

Rohrzuckersirup
20 ml

Zitronensaft
30 ml

Eiweiß
× 1

Angostura Bitter
2-5 Tropfen

- Einen Shaker mit Eiswürfeln füllen. Alle Zutaten außer dem Angostura Bitter in den Shaker geben und 20 Sekunden schütteln.
- In ein Cocktailglas gießen und den Angostura Bitter hinzufügen.

41

Nudie Beach

In 5 Minuten zubereitet

Für 1 Person

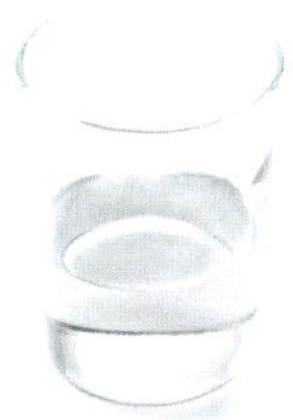

Gin
40 ml

Holunderlikör
20 ml

Limettensaft
30 ml

Ingwersirup
10 ml

Rosenaroma
¼ Teelöffel

Passionsfrucht
× ½

- Einen Shaker mit Eiswürfeln füllen. Alle Zutaten in den Shaker geben und 20 Sekunden schütteln.
- Den Mix in ein Cocktailglas gießen.
- Mit einer Limettenscheibe, einem Minzezweig und Eiswürfeln servieren.

Michelada

In 5 Minuten zubereitet

Für 1 Person

Fleur de Sel
1 Esslöffel

Tomatensaft
90 ml

Worcestershire-Sauce
3 Tropfen

Tabasco®
3 Tropfen

Limettensaft
30 ml

mexikanisches Bier
300 ml

- Das Salz auf einen kleinen Teller geben. Den Rand eines Cocktailglases mit einem Stück Limette befeuchten. Das Glas in das Salz tauchen, um einen Salzrand zu erhalten.
- Alle Zutaten außer dem Bier im Glas mischen. Das Bier langsam unter Rühren dazugeben.
- Mit einer Limettenscheibe servieren.

43

Blushing Rose

In 5 Minuten zubereitet

Für 1 Person

Mezcal
30 ml

Cranberrysaft
30 ml

Génépi
15 ml

Limettensaft
15 ml

Rohrzuckersirup
10 ml

kleines Eiweiß
× 1

- Einen Shaker mit Eiswürfeln füllen. Alle Zutaten hinzugeben. 20 Sekunden schütteln.
- In ein niedriges Glas gießen.
- Das Glas mit Grapefruitschale dekorieren.

Ginger Ale

Ingwer
300 g

Zucker
300 g

Limettensaft
40 ml

Sprudelwasser

In 30 Minuten zubereitet

15 Minuten kochen
30 Minuten Ruhezeit

Für 8-10 Personen

- Den Ingwer schälen und hacken. In einem Topf mit dem Zucker und 300 ml Wasser verrühren. Bei schwacher Hitze erwärmen, nicht kochen lassen. 30 Minuten ziehen lassen.
- Durch ein Sieb passieren, dann den Limettensaft hinzufügen.
- 40 ml Ingwersirup in ein Glas gießen. Mit Sprudelwasser auffüllen.
- Mit Eiswürfeln und einer Limettenscheibe dekoriert servieren.

Mojito Spritzer

In 5 Minuten zubereitet

Für 1 Person

Limette
× 1

Limettensaft
30 ml

Minzblätter
× 6

Rohrzucker
2 Teelöffel

Sprudelwasser
200 ml

- Die Zitrone in dünne Scheiben schneiden.
- Den Limettensaft, den Zucker und die Minzblätter in einem großen Glas mischen.
- Mit einem Cocktail-Stößel oder einem Löffel zerdrücken. Eiswürfel und Limettenscheiben hinzugeben. Mit Sprudelwasser auffüllen.
- Mit einem Minzezweig dekorieren.

Soda Mit Grüner Melone

In 30 Minuten zubereitet

5 Minuten kochen
30 Minuten Ruhezeit

Für 1 Person

grüne Melone
× 1

Zucker
400 g

Limettensaft
30 ml

Minze
1 kleiner Bund

Sprudelwasser
200 ml

- Die Melone in Stücke schneiden. Die Hälfte mit dem Zucker und 400 ml Wasser in einen Topf geben. Erhitzen, aber nicht kochen lassen, dann 30 Minuten ziehen lassen.
- Ein Glas mit Eiswürfeln füllen. Ein paar Stücke der frischen Melone und etwas Minze hinzugeben. 40 ml Melonensirup und Zitronensaft hinzugießen, dann mischen.
- Mit Sprudelwasser auffüllen.

Green Mary

In 15 Minuten zubereitet

Für 1 Person

große Gurke
× 1

Zitronensaft
1 Teelöffel

Rohrzucker
½ Teelöffel

Tabasco®
5 Tropfen

Minze
3 Stiele

- Die Gurke schälen, in einem Mixer mixen und durch ein Sieb passieren. Den Saft aufbewahren.
- Einen Shaker mit Eiswürfeln füllen. Alle Zutaten hineingeben. 20 Sekunden schütteln.
- In ein Glas füllen und mit Sellerie, einer Gurkenscheibe und einer grünen Olive dekorieren.

Limonade aus roten Früchten

In 10 Minuten zubereitet
2 Stunden Ruhezeit

Für 8 Personen

Zitronensaft
600 ml

Erdbeeren
150 g

Himbeeren
150 g

Zitrone
× 1

Rohrzuckersirup
60 ml

- Die Erdbeeren waschen und entstielen. Die Erdbeeren und die Zitrone in Scheiben schneiden.
- Den Zitronensaft, den Sirup und 400 ml Wasser in einer Karaffe mischen. Die roten Früchte und die Zitronenscheiben hinzufügen.
- Mindestens 2 Stunden kalt stellen. Mit Eiswürfeln servieren.

Melone Agua Fresca

In 25 Minuten zubereitet
30 Minuten Ruhezeit

Für 4 Personen

Melone
600 g

Agavensirup
2 Esslöffel

Limettensaft
2 Esslöffel

Limette
× ½

Minze
1 Zweig

- Die Melone schälen und die Kerne entfernen.
- Die Melone und 100 ml Wasser in einem Mixer gründlich mischen, bis eine glatte Flüssigkeit daraus entstanden ist. Den Agavensirup und den Limettensaft hinzugeben. Probieren und gegebenenfalls zuckern und säuern.
- Für mindestens 30 Minuten kalt stellen.
- Kalt mit Eiswürfeln, einem Zweig Minze und einer Limettenscheibe servieren.

Sunshine Ananas

In 5 Minuten zubereitet

Für 1 Person

Ananassaft
100 ml

Orangensaft
100 ml

Passionsfrucht
× ½

- Fleisch der Passionsfrucht entnehmen, den Saft aufbewahren.
- Einen Shaker mit Eiswürfeln füllen. Alle Zutaten dazugeben und 30 Sekunden schütteln.
- Sofort mit Eiswürfeln servieren.

Hibiskus-Cocktail

In 30 Minuten zubereitet
1 Stunde Ruhezeit

Für 8 Personen

Vanille
1 Schote

Hibiskus- und Cranberrytee
4 Beutel

Cranberrysaft
400 ml

Orangensaft
300 ml

Orange
× 1

- Die Vanilleschote längs aufschneiden. 1 Liter kochendes Wasser über die Teebeutel und die Vanilleschote in einem Krug gießen. 1 Stunde abkühlen lassen. Die Vanille und die Teebeutel entfernen.
- Die Orange in dünne Scheiben schneiden. Den Tee, die Säfte und die Orangenscheiben mischen.
- Gut gekühlt mit Eiswürfeln servieren.

Orange Grenadine Sunshine

In 5 Minuten zubereitet

Für 1 Person

Orangensaft
180 ml

Limettensaft
1 Teelöffel

Granatapfelkerne
1 Esslöffel

Granatapfelsaft
30 ml

- Einen Shaker mit Eiswürfeln füllen. Den Orangen- und den Limettensaft hinzugeben. 20 Sekunden schütteln.
- Mit einer Gabel die Granatapfelkerne auslösen und in ein Glas geben.
- Den Orangensaft und den Granatapfelsaft daraufgießen.

Virgin Sangria

In 30 Minuten zubereitet
2 Stunden Ruhezeit

Für 8 Personen

Rooibos-Tee
4 Beutel

Apfel 'Granny-Smith'
× 1

Orange
× 1

Orangensaft
200 ml

Honig
100 ml

Sprudelwasser
500 ml

- 1 Liter kochendes Wasser über die Teebeutel gießen. Ziehen und abkühlen lassen.
- Den Apfel und die Orange in dünne Scheiben schneiden. Den Tee, den Saft, den Honig und die Früchte in einem Krug mischen. Mindestens 2 Stunden kalt stellen.
- Mit Sprudelwasser auffüllen. Gut gekühlt mit Eiswürfeln servieren.

Mango Colada

In 5 Minuten zubereitet

Für 1 Person

Mango (TK)
200 g

Limettensaft
1 Esslöffel

Kokosnussmilch
80 ml

Sprudelwasser
100 ml

- Die Zutaten in einen Mixer geben. Gründlich mixen, bis eine glatte Flüssigkeit entstanden ist.
- In ein Martiniglas gießen. Mit einem Minzezweig dekorieren.

Jello Shot Spritz

Mandarinen
× 5

Gelatine
18 Blätter

Rohrzuckersirup
50 ml

Aperol®
250 ml

Prosecco
200 ml

In 30 Minuten zubereitet
8 Stunden Ruhezeit

Für 10 Personen

○ Die Mandarinen halbieren. Auspressen und die Schale mit einem Löffel auskratzen. Die Schalen auf ein Muffin-Blech legen, damit sie horizontal liegen bleiben.

○ Die Gelatineblätter in einer Schale zerkleinern. 100 ml Mandarinensaft aufwärmen, über die Gelatineblätter gießen und mischen, bis die Gelatine vollständig aufgelöst ist.

○ Alle Zutaten mit 100 ml Mandarinensaft mischen. Den Mix in die Mandarinenschalen füllen.

○ Zudecken und mindestens 8 Stunden in den Gefrierschrank geben, bis das Gelee fest ist.

Jello Shot Mojito

In 30 Minuten zubereitet
8 Stunden Ruhezeit

Für 12 Personen

große Limetten
× 6

weißer Rum
100 ml

Sprudelwasser
100 ml

Rohrzuckersirup
50 ml

Gelatine
12 Blätter

Minzezweige
× 3

- Die Limetten halbieren, auspressen und die Schalen mit einem Löffel auskratzen. Die Schalen auf ein Muffin-Blech legen, damit sie horizontal liegen bleiben.
- Die Gelatineblätter in einer Schale zerkleinern. 100 ml Zitronensaft aufwärmen, über die Gelatineblätter gießen und mischen, bis die Gelatine vollständig aufgelöst ist.
- Alle Zutaten mischen. Die Zubereitung in die Zitronenschalen füllen.
- Zudecken und für mindestens 8 Stunden in den Gefrierschrank geben, bis das Gelee fest ist. Mit Minzblättern servieren.

Jello Shot Bloody Mary

In 30 Minuten zubereitet
8 Stunden Ruhezeit

Für 16 Personen

Kirschtomaten
500 g

Tomatensaft
150 ml

Gelatine
9 Blätter

Limettensaft
1 Esslöffel

Tabasco®
10 Tropfen

Worcestershire-Sauce
10 Tropfen

- Einen Deckel von den Tomaten schneiden und die Tomaten mit einem Teelöffel aushöhlen. Das Fruchtfleisch durch ein Sieb passieren und aufbewahren.
- Die Gelatineblätter in einer Schale zerkleinern. Den Tomatensaft aufwärmen und über die Gelatine gießen. Mischen, bis die Gelatine vollständig aufgelöst ist.
- Alle Zutaten mischen. Die Zubereitung in die Tomaten füllen.
- Zudecken und für mindestens 8 Stunden in den Gefrierschrank geben, bis das Gelee fest ist.

58

Jello Shot Limoncello

In 30 Minuten zubereitet
8 Stunden Ruhezeit

Für 12 Personen

Zitronen
× 6

Limoncello
200 ml

Wodka
100 ml

Gelatine
18 Blätter

- Die Zitronen halbieren. Auspressen und die Schalen mit einem Löffel auskratzen, dann auf ein Muffin-Blech legen, damit sie horizontal liegen bleiben.
- Die Gelatineblätter in einer Schale zerkleinern. 100 ml Zitronensaft erwärmen, über die Gelatineblätter gießen und mischen, bis die Gelatine vollständig aufgelöst ist.
- Alle Zutaten mischen. Den Mix in die Zitronenschalen füllen.
- Zudecken und mindestens für 8 Stunden in den Gefrierschrank geben, bis das Gelee fest ist.

Jello Shot Melone

In 30 Minuten zubereitet

5 Minuten kochen
8 Stunden Ruhezeit

Für 8 - 10 Personen

Melone
250 g

Wodka
150 ml

Limettensaft
50 ml

Rohrzuckersirup
50 ml

Gelatine
20 Blätter

- Die Melone auslöffeln, die Schalen aufbewahren. Das Fruchtfleisch in einem Mixer pürieren und durch ein Sieb passieren.
- Die Gelatineblätter in einer Schale zerkleinern. 100 ml Melonensaft erwärmen, über die Gelatineblätter gießen und rühren, bis sie aufgelöst ist.
- Alles vermischen und in die Melonenschalen füllen.
- Zudecken und mindestens 8 Stunden in den Gefrierschrank geben, bis das Gelee fest ist. In Stücke schneiden und sofort servieren.

Mozzarella-Sticks

In 30 Minuten zubereitet

10 Minuten kochen

Für 14 - 16 Personen

Toastbrot
14 - 16 Scheiben

Mozzarella
200 g

Parmesan
40 g

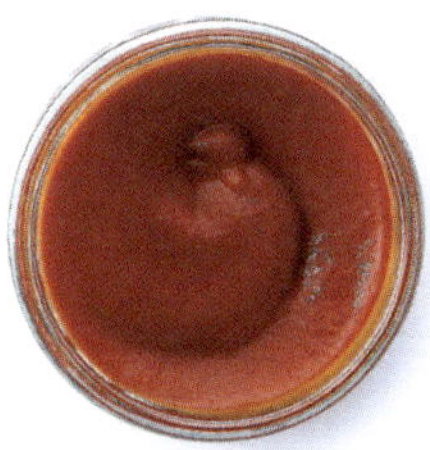

Tomatensauce
mit Basilikum
200 g

Ei
x 1

Frittieröl

- Das Brot mit einem Nudelholz flach ausrollen.
- Den Käse reiben. Mit dem Ei vermischen, salzen und pfeffern.
- 1 Esslöffel der Käsezubereitung auf eine Brotscheibe geben. Die Kanten des Brots mit etwas Wasser aufweichen. Fest zusammenrollen und die Enden zudrücken, damit die Zubereitung nicht ausläuft. Die Tomatensauce in einem Topf leicht erwärmen.
- Das Öl in der Fritteuse auf 180 °C erhitzen. Das Brot 2 Minuten von jeder Seite frittieren, bis es goldgelb ist. Sofort mit der lauwarmen Tomatensauce servieren.

Popcorn Soja und Sesam

In 20 Minuten zubereitet

15 Minuten kochen

Für 8 Personen

Sonnenblumenöl
3 Esslöffel

Popcornmais
80 g

Zucker
2 Esslöffel

Sojasauce
2 Esslöffel

Sesamkörner
3 Esslöffel

getrockneter Knoblauch
1 Teelöffel

- 2 Esslöffel Öl in einem großen Topf bei mittlerer Hitze erwärmen. Den Mais hinzugeben, zudecken und 30 Sekunden von der Herdplatte nehmen. Wieder auf den Ofen geben und den Topf schütteln, bis die Körner aufplatzen. In eine Schale geben.
- Im selben Topf die restlichen Zutaten bei mittlerer Hitze erwärmen, bis der Zucker karamellisiert. Über das Popcorn geben und gut vermischen. Salzen und pfeffern. Sofort servieren.

Oliven mit Pastis

In 10 Minuten zubereitet
30 Minuten Ruhezeit

Für 6 Personen

grüne Oliven
200 g

Orangenzesten
1 Teelöffel

Knoblauch
1 Zehe

Fenchelsamen
1 Teelöffel

Pastis
1 Esslöffel

Olivenöl
1 Esslöffel

- Den Knoblauch in feine Scheiben schneiden. Die Fenchelsamen in einer Pfanne 2 - 3 Minuten anrösten.
- Alle Zutaten mischen. Zudecken und mindestens 30 Minuten kalt stellen.

Portwein-Geheimnis

In 30 Minuten zubereitet

5 Minuten kochen
1 Stunde Ruhezeit

Für 8 Personen

roter Portwein
60 ml

Comté-Käse
230 g

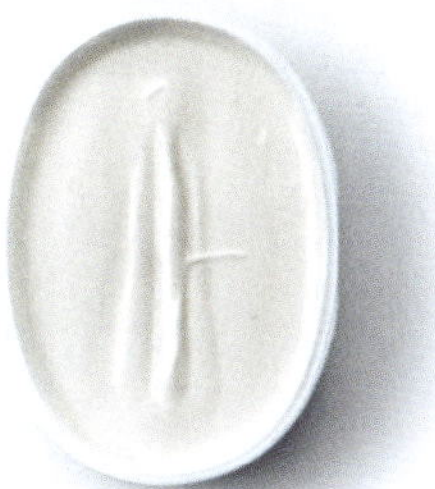

Frischkäse
230 g

Mandelplättchen
50 g

- Den Portwein in einem Topf bei mittlerer Hitze ca. 5 Minuten einreduzieren. Abkühlen lassen.
- Den Comté-Käse reiben und mit dem Frischkäse mischen.
- Den Portwein mit der Hälfte der Creme in eine Schale geben und verrühren. Die Creme mit dem Portwein und die Creme ohne Portwein behutsam unterrühren, sodass eine Marmorierung entsteht. 1 Stunde kalt stellen.
- Die Creme zu einer Kugel rollen. Die Mandelplättchen in einer Pfanne ein paar Minuten anrösten. Die Kugel in den Mandeln rollen.

Gewürzte Nüsse und Brezeln

In 5 Minuten vorbereitet

15 Minuten im Ofen

Für 6 - 8 Personen

Nussmischung
100 g

Mini-Brezeln
100 g

Butter
25 g

Ahornsirup
2 Esslöffel

spanische
Gewürzmischung
1 Teelöffel

- ○ Den Ofen auf 180 °C vorheizen. Die Butter schmelzen.
- ○ Alle Zutaten mischen.
- ○ Auf ein Blech mit Backpapier verteilen und für 15 Minuten in den Ofen geben, bis die Mischung gut karamellisiert ist.

Feta-Dip mit Pastis

In 10 Minuten zubereitet
30 Minuten Ruhezeit

Für 8 Personen

Feta
180 g

griechischer Joghurt
1 Becher

Olivenöl
2 Esslöffel

Pastis
1 Esslöffel

rotes Chilipulver
1 Prise

- Alle Zutaten in einem Mixer verquirlen, bis eine gleichmäßige Creme entstanden ist. Salzen und pfeffern. Mindestens 30 Stunden kalt stellen.
- In eine Schüssel geben und mit einem Schuss Olivenöl und einer Prise Chilipulver dekorieren. Mit Gemüse-Sticks servieren.

Bloody-Mary-Garnelen

In 10 Minuten zubereitet

Für 6 - 8 Personen

Ketchup
150 g

Zitronensaft
1 Teelöffel

Stangensellerie
1 Stück von 4 cm

Worcestershire-Sauce
½ Teelöffel

Tabasco®
10 Tropfen

Garnelen
400 g

- Den Sellerie fein hacken.
- Den Sellerie, das Ketchup, den Zitronensaft, die Worcestershire-Sauce und den Tabasco® vermischen.
- Die Garnelen auf einem Teller verteilen. Die Sauce in eine kleine Schale geben und daneben stellen.

Tequila-Gambas

In 10 Minuten zubereitet

5 Minuten kochen

Für 6 Personen

Gambas
× 12

Kokosnussöl
1 Esslöffel

Tequila
40 ml

Limette
× 1

Koriander
1 Stiel

- Das Öl bei mittlerer Hitze in einer Pfanne erwärmen. Die Gambas 2-3 Minuten von jeder Seite anbraten.
- Den Tequila in die Pfanne geben und 30 Sekunden mitziehen lassen. Salzen und pfeffern. Die Hälfte der Limette über die Gambas pressen, die andere Hälfte in Scheiben schneiden.
- Mit dem Koriander und den Limettenscheiben servieren.

Gin-Austern

In 10 Minuten zubereitet

Für 4-6 Personen

frische Austern
× 12

Gurke
1 Stück von 4 cm

rote Peperoni
× 1

kleine Schalotte
× 1

Gin
1 Esslöffel

Limettensaft
1 Teelöffel

- Die Austern öffnen und auf ein Eiswürfelbett legen.
- Die Gurke, die Peperoni und die Schalotte fein hacken. Alle Zutaten mit dem Gin und dem Limettensaft mischen.
- Die Sauce in eine kleine Schale geben und sofort mit den Austern servieren.

Whisky-Camembert

Zucker
150 g

Whisky
80 ml

Butter
45 g

kleiner Camembert
× 1

Pekannüsse
50 g

In 20 Minuten zubereitet

15 Minuten im Ofen

Für 4-6 Personen

- Den Ofen auf 180 °C vorheizen. Den Camembert für 15 Minuten in den Ofen geben.
- Zucker in einem Topf bei mittlerer Hitze anschwitzen, bis er goldgelb karamellisiert. Von der Herdplatte nehmen. Den Whisky und dann die Butter hinzugeben. Mischen, bis eine glatte Sauce entstanden ist.
- Die Sauce über den Camembert gießen und mit Pekannüssen bestreuen.
- Sofort mit Crackern servieren, die in den flüssigen Camembert getunkt werden können.

Was macht man womit?

Die Originalausgabe erschien 2017 unter dem Titel: *Cocktail Super Facile*

Postbus 72, 5330 AB Kerkdriel, Niederlande

Produktion der deutschsprachigen Ausgabe:
Tanja Timmerman vertaling & redactie
Übersetzung: Judith Muhr
Satz: Elixyz Desk Top Publishing

Printed in Slovenia

ISBN: 978-94-6359-002-0